BEI GRIN MACHT SICH IHR WISSEN BEZAHLT

AF136181

- Wir veröffentlichen Ihre Hausarbeit, Bachelor- und Masterarbeit

- Ihr eigenes eBook und Buch - weltweit in allen wichtigen Shops

- Verdienen Sie an jedem Verkauf

Jetzt bei www.GRIN.com hochladen und kostenlos publizieren

Adriana Slavcheva

Die Byline 'Vasilij Buslaev v Nowgorode'

GRIN Verlag

Bibliografische Information der Deutschen Nationalbibliothek:

Die Deutsche Bibliothek verzeichnet diese Publikation in der Deutschen National-
bibliografie; detaillierte bibliografische Daten sind im Internet über http://dnb.d-
nb.de/ abrufbar.

Impressum:

Copyright © 2004 GRIN Verlag GmbH
Druck und Bindung: Books on Demand GmbH, Norderstedt Germany
ISBN: 978-3-656-11167-2

Die Byline „Vasilij Buslaev v Nowgorode"
Eine Textanalyse

Referat für das Seminar
Die russische Byline. Eine Einführung

vorgelegt von
Adriana Dimitrova Slavcheva

6. Semester 2. NF Russistik

SS 2004
Universität Leipzig

0. Einleitung

Thema meines Referats ist die Byline „Vasilij Buslaev v Nowgorode".
Mein Beitrag besteht aus drei Teilen.

Nach einem einführenden Teil, in dem ich einige allgemeine Informationen liefern werde, werde ich im zweiten Abschnitt das allgemeine Aufbauschema des Bylinensujets vorstellen. Der Schwerpunkt der Arbeit liegt im dritten Teil, wo ich ausführlich auf die Textanalyse von Vladimir Propp[1] eingehen werde.

1. Allgemeine Informationen zu der Byline und ihrer Verbreitung

Um den Nowgoroder Helden Vasilij Buslaev kreisen zwei Bylinen – die eine ist das Lied von seiner Jugend und seinem Kampf mit den Nowgorodern, „Vasilij Buslaev v Nowgorode", die andere das von seiner Pilgerfahrt nach dem Heiligen Lande, „Vasilij Buslaev molit'sja ezdil". Die Lieder thematisieren konkrete historische Ereignisse – deren inhaltlicher Kern besteht im Aufstand Vasilij Buslaevs gegen Nowgorod. Das Motiv des Aufstandes und des sozialen Kampfes bezeichnet eine qualitativ neue Entwicklungsetappe des russischen Epos. Dadurch erstreckt sich die Bedeutung der Bylinen weit über die Grenzen der Stadt Nowgorod hinaus und gewinnt einen allgemeinrussischen Charakter. In der Figur Vasilij Buslaevs ist kein lokaler Held zu sehen, sie muss viel mehr als eine künstlerische Verallgemeinerung aufgefasst werden.

Die Entstehungszeit der Byline wird in das 15. Jh. gesetzt, „in die letzten Zeiten der Selbstständigkeit des altrussischen Freistaates Nowgorod, als sich sein Gefüge lockerte und weit blickende Nowgoroder die Katastrophe über ihre Heimat hereinbrechen sahen."[2]

Die Byline war äußerst stark verbreitet. Die Mehrzahl der Niederschriften stammt aus dem europäischen Norden Russlands. "Es sind insgesamt 75 Niederschriften bekannt, einschließlich Auszügen, Nacherzählungen, Kontaminationen mit anderen Texten, wiederholten Niederschriften ein und derselben Person"[3] etc. Sehr oft werden die zwei Bylinensujets von den Sängern zu einer zyklisierenden Byline zusammengefasst – es sind mehr als 25 solche Varianten aufgeschrieben. Eine ausführliche Bibliografie der Sujets ist bei Smirnov/Smolickij zu finden.

Die Bylinenfassung, die wir hier behandeln, wurde zum ersten Mal von D. M. Balašov nach dem Vortrag von V. I. Lageev im 1964 im Dorf Ust'-Tsil'm (Komi) aufgenommen. Es handelt sich hier um die einzige Aufnahme der Byline „Vasilij Buslaev v Nowgorode", die in Region um die Mittelpečora gemacht wurde. Bis dahin gaben alle dort aufgezeichneten Texte das zweite Sujet, „Vasilij Buslaev molit'sja ezdil", wieder. Außerdem liegt hier die vollständigste aller am Fluss Pečora aufgezeichneten Varianten der ersten Byline vor.

---

[1] Propp, Vl. Ja. 1958, 442 – 465

[2] Trautmann, R., 1935, 200

[3] Smirnov, Ju. I./ Smolickij, V. G., 1978, 362

2. Aufbauschema[4]

Die meisten Fassungen der Byline „Vasilij Buslaev v Nowgorode" werden nach einem einheitlichen Schema aufgebaut, der die folgenden Hauptmomente umfasst:

1. **Vasilijs Kindheit**

   1.1. Vasilijs Vater

   1.2. Vasilijs Kindheit – Erziehung durch seine Mutter und den Paten (Starez); seine ungewöhnliche Kraft, die dazu führt, dass er beim Spielen seine Gleichaltrigen schikaniert.

   1.3. Die Beschwerden und Drohungen der Eltern der schikanierten Kinder

2. **Zusammenstellung von Vasilijs Gefolge**

   2.1. Festmahl bei Vasilij – die Prüfungen der Gäste

   2.2. Auswahl der Mitglieder des Gefolges

3. **Festmahl der Nowgoroder**

   3.1. Vorbereitungen auf das Festmahl

   3.2. Festmahl

   3.3. Der „große" Einsatz – Vasilij kämpft gegen ganz Nowgorod

4. **Kampf auf der Wolchow - Brücke**

   4.1. Die Mutter lässt Vasilij nicht kämpfen, indem sie ihn einsperrt.

   4.2. Der Kampf fängt ohne Vasilij an.

   4.3. Die Magd hilft Vasilijs Schar und weckt Vasilij.

   4.4. Der befreite Vasilij rennt zu seiner Schar.

   4.5. Das Treffen mit dem Starzen und der Mord an ihm.

   4.6. Vasilijs Kampf mit den Nowgorodern[5]

   4.7. Die Nowgoroder erbitten Hilfe bei Vasilijs Mutter.

   4.8. Die Mutter hält Vasilij zurück.

   4.9. Die Nowgoroder erkennen Vasilijs Sieg an.

---

[4] Diesen Abschnitt entnehme ich mit einigen Veränderungen Smirnov,Ju. I./ Smolickij, V. G., 1978, 367

[5] Manchmal werden Punkt 5 und 6 umgestellt – Vasilij trifft den Starzen mitten im Kampf.

3. Textanalyse[6]

3.1. Začin – die Figur des Vaters

In der Regel wird im Začin mit 2-3 Zeilen Vasilij Buslaevičs Vater erwähnt, obwohl er nirgendwo später im Text auftaucht. Nach Vladimir Propp ist die Figur des Vaters aufschlussreich für die Bestimmung der sozialen Herkunft Vasilijs, sowie für eine grobe chronologische Datierung der Byline.

Der alte Buslaj gehört der wohlhabendsten Bevölkerungsschicht in Nowgorod an und hinterlässt seinem Sohn ein großes Vermögen. Er wird als ein ruhiger Greis geschildert, der friedlich bis ins hohe Alter (meistens bis 90 Jahre) lebt und sich zu seinen Lebzeiten nie in die Politik eingemischt hat. So wird in vielen Varianten der Byline darauf hingewiesen, dass er „С Новым городом (...) нынче не споривал"[7] und auch „(...) со матушкой Масквой не перечился"[8]. Dies deutet zum einen darauf hin, dass sich der Buslaj nie in Opposition zu den herrschenden Kreisen in der Stadt befand, da ihm die Nowgoroder Gesellschaftsordnung ein gutes Leben im Wohlstand sicherte. Zum anderen wird hier auch der Konflikt zwischen Nowgorod und Moskau angedeutet. Der Buslaj widersetzte sich Moskau nicht und unterwarf sich somit der historischen Notwendigkeit. Darüber hinaus wird mit dieser Zeile eine grobe zeitliche Orientierung gegeben: Es ist anzunehmen, dass die Byline in der Zeit entstanden ist, als Moskau sich schon als neue Macht etabliert, Nowgorod aber seine Selbstständigkeit noch nicht verloren hatte.

Somit wird durch die Figur des Vaters lapidar die soziale Herkunft des Helden umrissen: Er entstammt der vermögendsten und konservativsten Bevölkerungsschicht Nowgorods.

3.2. Vassilijs Erziehung

Die Erziehung Vasilijs zielt darauf ab, dass er genau so wie sein Vater ein ruhiger gehorsamer Mensch wird, der sich in die politischen Angelegenheiten nicht einmischt und in Verständigung mit seinen Mitbürgern lebt.

Nach dem Tod des Vaters kümmert sich um den Jungen die Mutter, Amelfa Timofeevna, die für ihn eine absolute Respektsperson ist und der er sich in seinem Leben gänzlich unterwirft. Neben ihr ist auch sein Pate, der der kirchlichen Oberschicht angehört, für seine Erziehung zuständig.

Trotz allen Bemühungen seiner Erzieher wächst Vasilij als ein absolutes Gegenteil seines Vaters auf. Vladimir Propp betrachtet dies als kontrastive Gegenüberstellung zweier Generationen mit unterschiedlichem sozialem Bewusstsein: „Der Sohn eines wohlhabenden Nowgoroders, der in besten Verhältnissen aufwächst und alles zur Verfügung hat, bricht mit den Werten, in denen er erzogen wurde, und erklärt ihnen einen Kampf auf Leben und Tod."[9]

---

[6] Textanalyse nach Propp, Vl. Ja. 1958, 442 – 465

[7] Smirnov, Ju. I./ Smolickij, V. G., 1978, 76

[8] ders, 26

[9] Propp, V. Ja., 1958, 447

3.3. Vasilijs Charakter

Das wilde Blut Vasilijs tritt schon sehr früh zu Tage. Die Byline berichtet ausführlich von seiner ungewöhnlichen Kraft und von „unguten" Spielen mit den anderen Kindern, die er aus Spaß zu Krüppeln macht.

In vielen Varianten der Byline wird direkt davon gesprochen, dass dieser Unfug nicht einfach als Grausamkeit und Schadenfreude anzusehen, sondern gezielt gegen Bojaren- und Fürstenkinder gerichtet ist, die Vasilij schon seit seiner Kindheit instinktiv hasst:

„Стал он по городу похаживать,

На княженецкий двор он загуливать,

Шутить-та шуточки недобрые,

С боярскими детьми, с княженецкима:"[10]

Wenn dies im Text nicht explizit ausgedrückt ist, lässt es sich oft an der Herkunft der Eltern erkennen, die sich bei Vasilijs Mutter über ihren Sohn beschweren und sie bedrohen – es sind die reichen Männer Nowgorods, die zu Amelfa Timofeevna gehen. So heißt es z. B. im folgenden Text:

„А и мужики новгородския,

Посадския, богатыя,

Приносили жалобу оне великую

Матерой вдове Амелфе Тимофевне."[11]

Für Vladimir Propp sind solche Stellen eindeutige Beweise dafür, dass der starke und tapfere Vasilij Buslaevič, der seine Kraft nirgendwo sinnvoll anwenden kann und in Folge seines Reichtums zu einer leeren, nutzlosen Existenz verdammt ist, allmählich seine Umgebung zu hassen anfängt. Er sieht in den Schikanen den Anfang eines inneren Konfliktes, eines noch unbewussten Antagonismus, nach dem Vasilij später als erwachsener Mensch handeln wird.

3.4. Vasilijs Gefolge (Družina)

Die Zusammenstellung des Gefolges verzeichnet eine neue Phase in der Zuspitzung des Konfliktes. Vasilijs Družina unterscheidet sich grundsätzlich von den Militärscharen im alten Kiewer Epos. In den innenpolitischen Streitigkeiten in Nowgorod musste jede Partei über eine Kampforganisation verfügen. Es ist in historischen Dokumenten mehrfach belegt, dass es dabei oft zu blutigen Auseinandersetzungen kam.

Aus verschieden Anlässen stellt sich Vasilij Buslaevič ein Gefolge zusammen. In unserem Text z.B. rät ihm seine Mutter dazu, nachdem sie von den Nowgoroder Männern bedroht wurde:

---

[10] Smirnov, Ju. I./ Smolickij, V. G., 1978, 26

[11] ders., 6

„Ты бы лучше прибрал себе дружинушку,

А то долго ли тебя дак сбросить в Волхово!"[12]

Sieht man von den äußeren Anlässen ab, ist die Družina nach Vladimir Propp immer für den innenpolitischen Kampf in Nowgorod bestimmt. Der Akt der Zusammenstellung deutet die spätere Auseinandersetzung voraus und bereitet sie vor. Weiterhin ist die soziale Zusammenstellung des Gefolges von großer Bedeutung. Um sich seine Gefolgsleute auszuwählen, lädt Vasilj ganz Nowgorod zu einem Festmahl bei sich ein. Und tatsächlich, es kommt zu ihm alles was Beine hat. In einer Reihe von Texten gibt es auch klare Hinweise darauf, dass zu Vasilij die unterste, die ärmste soziale Schicht schmausen kommt. Trotzdem sind sie aber nicht asoziale Elemente, sondern Vertreter verschiedener Handwerke im feudalen Nowgorod. Unter diesen will Buslaevič die Würdigsten auswählen und das sind für ihn die Tapfersten, Kräftigsten, diejenigen, die vor nichts zurückschrecken. Deshalb will er die Menge einer Prüfung unterziehen – nur, wer sie besteht, darf mit ihm bei dem Festmahl essen und trinken und wird Mitglied seiner Družina:

„Если стерпит кто мой вяз дак во двенадцеть пуд,

Тот ко мне зайдет да и будет мой названой брат."[13]

Es ist deutlich zu sehen, dass sich Vasilij sein Schar nicht als eine Söldnerarmee vorstellt, die jeder Zeit zu Blutvergießen bereit ist. Vielmehr handelt es sich hier um ein Gefolge, das aus Gleichgesinnten, aus Brüdern besteht, die gemeinsame Interessen haben, ganz genau wissen, wer ihre Feinde sind, und fest entschlossen sind, einen Kampf auf Leben und Tod für ihre Ideale zu führen.

Es stellt sich jedoch schnell heraus, dass es nur wenige sind, die sich der schweren Prüfung unterziehen wollen, die meisten sind einfach wegen des kostenlosen Essens und Trinkens hingewandert und kehren auch schnell zurück. Trotzdem gelingt es Vasilij, die richtigen Leute in der Menge zu finden und daraus seine Armee zusammenzustellen. Diese besteht in der Regel aus 29 strammen Burschen, von denen 3 repräsentativ beschrieben werden. In unserem Text heißen sie Kostja Novotoržanin (Kostja-Lostja Novotoržanin, Vanjuška Novotoržanin), Potanja hromenkoj (Potašenjka sutul-gorbat, Daniluška sutul-gorbat) und Foma gorbatenkoj (Foma Tolstokoževnikov, Foma Remennikov), als weitere Namen treten bisweilen auch Kotelnaja Prigarina und Vasjka (Kostja) Belozerjanin auf.

Die Analyse der Namen in den verschiedenen Varianten der Byline ist in vieler Hinsicht aufschlussreich. Die Spitznamen deuten zum einen darauf hin, dass die Gefolgsleute tatsächlich der Handwerkerschaft angehören – Remennikov, Tolstokoževnikov etc. Zum anderen besteht die Armee nicht aus Nowgorodern, sondern aus Zuwanderern – Kostja Novotoržanin, also aus Novuj Toržok, Vasjka (Kostja) Belozerjanin, aus Belozersk usw. Diese Leute vertreten folglich überregionale und nicht die lokalen, Nowgoroder Interessen. Weiterhin ist auch anzumerken, dass ein Teil des Gefolges aus Behinderten besteht – Potanja hromenkoj, also der Lahme, Foma gorbatenkoj, der Bucklige. Die körperlichen

---

[12] ders, 76

[13] Smirnov, Ju. I./ Smolickij, V. G., 1978, 77

Behinderungen stehen im Kontrast zu ihrer ungewöhnlichen physischen und moralischen Kraft und unterstreichen diese noch mehr.

Somit sind in groben Zügen die Figur des Hauptprotagonisten Vasilij Buslaevič und die Zusammenstellung seiner Družina umrissen. Was noch unklar bleibt, ist der Feind, gegen den sie in Kampf treten.

3.5. Der Feind

Die Bestimmung des Gegners in der oben erläuterten Konfliktsituation ist nach Vladimir Propp von entscheidender Bedeutung für das Verständnis des Ideengehaltes des ganzen Liedes. Hierzu sind die Formen, in denen sich der Konflikt entfaltet, besonders wichtig. Sie können ganz unterschiedlicher Natur sein und hängen teilweise auch vom Sänger, seiner Lebensauffassung und sein Talent ab.

3.5.1. 1. Variante – Auseinandersetzung während des Festmahls der Bratčina

In einer ersten Gruppe von Bylinenvarianten entflammt der Streit während des Volksfestes der sog. Bratčina. Darunter versteht man in den Bylinentexten Festmahle, die zu bestimmten religiösen Festen dank den freiwilligen Spenden der Einwohner stattfanden.

Historisch hatten die Bratčinen weit mehr Funktionen als die in den Bylinen beschriebenen. Sie waren in ganz Russland verbreitet, aber eine besonders ausgeprägte und konkrete Form hatten sie im mittelalterlichen Nowgorod erreicht. Die Bratčinen waren mit den Handwerken verbunden und hatten aus diesem Grunde einen festen Platz besonders in solchen Städten, wo diese stark entwickelt waren. Man betrachtet sie deshalb als eine Art Anfangsform der Zunftordnung.

Um ein Mitglied der Bratčina zu werden, musste man einen bestimmten Einsatz zahlen. Unter den Mitgliedern wurde ein Ältester (Starosta) ausgewählt, der in der Regel den Kreisen der hohen Geistlichkeit oder des Handels angehörte. Es ist außerdem historisch belegt, dass es bei den Festmahlen der Bratčina sehr oft zu verschiedensten Auseinandersetzungen kam.

Der kurze Abriss vom Wesen dieser Vereinigungen lässt in groben Zügen erkennen, wo es hier zu Spannungen kommen könnte. Vladimir Propp berichtet von zwei möglichen Szenarien in dieser ersten Gruppe von Texten, die beide auf einem sozialen Konflikt beruhen.

Zum einen kommt es zu Streitigkeiten zwischen den Mitgliedern der Bratčina, die als einzige an dem Festmahl teilnehmen dürfen, und Leuten, die in die Vereinigung nicht aufgenommen wurden. Zu erklären ist dies durch die Tatsache, dass man in die Bratčina erst mit der Bezahlung des bestimmten Einsatzes aufgenommen werden durfte. Es ist klar, dass viele Leute aus den ärmsten Bevölkerungsschichten nicht im Stande waren, diese Bedingung einzuhalten. Für seine Gefolgsleute zahlte Vasilij Buslaevič den Einsatz, alle anderen mittellosen Nowgoroder Einwohner blieben aber davon ausgeschlossen. Somit hat man in solchen Varianten des Buylinensujets mit einer Auseinandersetzung zwischen den durch die Handwerke gesicherten oberen Schichten der Nowgoroder Gesellschaft und den Armen zu tun.

Als zweite Möglichkeit entdeckt Vladimir Propp in manchen Texten einen Konflikt innerhalb der Bratčina selbst, der mit der Ungleichheit ihrer Mitglieder zu erklären wäre. Die Auseinandersetzung in diesem Fall besteht zwischen den Machthabenden in der Vereinigung, also dem Starosta und den ihm Nahestehenden, und den übrigen Mitgliedern.

In solchen Varianten ist Vasilij Buslaevič ein Mitglied der Bratčina. In manchen Fassungen ist er zum Festmahl eingeladen, verlässt es aber, da er sich dort nicht richtig am Platze fühlt.

Als er zurückkommt, findet er seine Gefolgsleute im Faustkampf mit den anderen Mitgliedern der Bratčina, der bald zu grausamem Blutvergießen wird. In anderen Versionen verursacht der betrunkene Vasilij selbst den Streit, indem er die Ältesten verhöhnt. Es gibt auch Fälle, in denen er mit seiner Družina uneingeladen zum Festmahl kommt und eine Schlacht anfängt.

Der soziale Charakter liegt auf der Hand. Es ist anzunehmen, dass innerhalb der Handwerkerschaft eine große Differenzierung vorgenommen wurde, die sich auf die wohlhabenden Unternehmer bis hin zu den Arbeitskräften erstreckte. Aus der Byline geht deutlich hervor, dass die Mitglieder der Handwerkervereinigung Bratčina durchaus vermögend waren und ihre Ältesten große Macht in der Stadt besaßen. Andererseits, wie bereits erläutert, wählte Vasilij Buslaevič sein Gefolge unter den mittellosesten Handwerkern aus, aus den Leuten, die am Rande der vorherrschenden gesellschaftlichen Ordnung standen und folglich auch nichts mehr zu verlieren hatten. Deshalb ist es auch verständlich, weshalb Vasilij die Bratčina verachtet und herausfordert und andererseits er laut manchen Fassungen darin nicht aufgenommen und zum Festmahl eingeladen wird. Vasilijs Gefolge und die Bratčina sind einander gegenüber also völlig unterschiedlich und stellen unvereinbare soziale Kräfte dar.

3.5.2. 2. Variante – Auseinandersetzung während des Festmahls beim Fürsten

Die Bratčina war besonders charakteristisch für das 15.-16. Jh. Mit der Zeit vergaßen die Bylinensänger ihre Bedeutung, weshalb sie aus vielen Varianten völlig verschwand. Sie wurde durch ein fürstliches Festmahl ersetzt, währenddessen es zu einem Streit zwischen Vasilij und des Nowgoroder Fürsten kommt. Eine solche Form ist nicht mehr für Nowgorod allein spezifisch, sondern hat einen überregionalen Charakter. Die Ersetzung war aber nur deshalb möglich, weil die Sänger, obwohl sie das Phänomen der Bratčina vergessen hatten, das Wesen des Konfliktes im Kern erfassten und in die neue Gesellschaftsstruktur übertrugen.

3.5.3. Zusammenfassung

Gleichwohl ob Vasilij beim Festmahl der Bratčina oder des Fürsten ist, kann er die offenen Provokationen der Machthabenden nicht ruhig an sich vorbeigehen lassen und fordert ganz Nowgorod zum Kampf auf. Die Worte „ganz Nowgorod" sind aber nicht deutlich zu verstehen. Buslaevič schließt eine Abmachung mit dem Fürsten bzw. mit den Ältesten der Bratčina. Daher ist sein Gegner nicht ganz Nowgorod, sondern seine mächtige herrschende Oberschicht.

In der Annahme, dass Vasilij unter dem Einfluss des Alkohols sich zu übersteigerter Selbsteinschätzung hinreißen lässt, wollen seine Gegner die Wette schriftlich unterzeichnen lassen. Es werden Ort, Zeit und die Regel des Kampfes sowie die Einsätze genau bestimmt. Die Vertreter der vermögenden Schichten setzen normalerweise immense Summen ein (bis zu 200000 Rubel), Vasilij, als richtiger Recke – seinen Kopf.

Der Kampf soll am nächsten Tag auf der Wolchow – Brücke stattfinden. An dieser Stelle nennt die Byline wieder ein historisches Faktum: Auf der Wolchow – Brücke wurden im mittelalterlichen Nowgorod oft Kämpfe ausgetragen. Manchmal handelte es sich um Faustkämpfe mit Turniercharakter, aber vielfach führten auch die Unstimmigkeiten der widerstrebenden Parteien in der Weče, dem Nowgoroder Volksrat, zu blutigen Zusammenstößen.

3.6. Höhepunkt der Byline – der Kampf auf der Wolchow – Brücke

3.6.1. Die Figur der Mutter

Nach dem Festmahl kommt Vasilij in der Regel nach Hause und erzählt seiner Mutter von der Wette. Hier kommt der Figur von Amelfa Timofeevna, die die typische Mutter im russischen Epos repräsentiert, eine große Bedeutung zu. Ihr tapferer Sohn ist der stärkste Mann in ganz Nowgorod, es gibt keinen, der ihn besiegen könnte. Nicht desto trotz weiß seine Mutter als einzige Respektsperson für Vasilij, ihn zu bändigen. Sie ahnt die große Gefahr für ihren Sohn und ist fest entschlossen, ihn von seinen Absichten abzuhalten. Als erstes sperrt sie ihn ein, so dass er am Kampf nicht teilnehmen kann: In manchen Fassungen setzt sie ihn in den tiefen Keller, in anderen schließt hinter ihm 12 eiserne Türen, mit 12 stählernen Schlössern zu etc. – da haben die Bylinensänger ihrer Fantasie freien Lauf gelassen. In manchen Varianten geht sie anschließend noch weiter: Sie versucht mit vielen kostbaren Geschenken an den Fürsten bzw. an den Starosta den Vertrag rückgängig zu machen. Allerdings erntet sie stets Misserfolg, für Vladimir Propp noch ein deutlicher Beweis dafür, welch eine Erbitterung schon im Konflikt der Parteien steckt: Vasilij Buslaevič ist viel zu gefährlich für die herrschenden Kreise in Nowgorod und es liegt ihnen sehr viel daran, ihn zu beseitigen.

3.6.2. Die Figur der Magd

So fängt am nächsten Morgen der Kampf ohne Vasilij an, der noch ihm tiefen Keller schläft, als wäre er tot. Um ihn zu wecken wird eine neue episodische Figur eingeführt –Buslaevs Magd, eine treue Dienerin. Ihrer Gewohnheit gemäß geht sie vom Wolchow Wasser holen und sieht, wie Vasilijs Gefolge im ungleichen Kampf zerschmettert wird. Obwohl sie eine Sklavin im Hause der Buslaevs ist, ist sie mit dem Protagonisten verbündet: Sie stürzt sich in den Kampf und tötet mehrere mit ihrer Tragstange, läuft dann zurück ins Haus, bricht alle Türen und Schlösser auf und weckt Vasilij Buslaevič.

3.6.3. Der große Kampf

Der hochgeschreckte Vasilij läuft möglichst schnell zum Kampfplatz, bewaffnet in der Eile bloß mit einer Wagenachse oder einem Knüppel. Dort will er allein kämpfen und befiehlt seinen Leuten, sich für eine Weile zu erholen. Der Kampf wird in epischer Breite geschildert und Vasilij ist in der Regel der absolute Sieger: In etwa einer Stunde schlägt er die Gegner und fängt dann an, alle und alles um ihn herum zu vernichten:

„И заходила тут ось его тележная

Ай по тем ли мужикам новогородскиим.

Где махнет ле Василей, да там все улица,

Отчахнет-де ле Васька, да тут переулочек,

И уложил мужиков, дак ровно счету нет, (...)"[14]

Wie bereits erwähnt sind solche Zusammenstöße auf der Wolchow – Brücke historisch belegt, besonders als Kämpfe der einzelnen Parteien in der Weče. Das Wesen des Kampfes in der Byline unterscheidet sich aber in mancher Hinsicht davon. Der innenpolitische Kampf in der

---

[14] Smirnov, Ju. I./ Smolickij, V. G., 1978, 80

Weče fand zwischen den Parteien einer Klasse statt, wohingegen der Konflikt in der Byline zwischen den Arbeitern, die in der Weče gerade nicht vertreten waren, und den Angehörigen der vermögenden Schicht ausgetragen wird. Vladimir Propp sieht diesen Kampf sogar als Form eines offenen Aufstandes an.[15]

3.6.4. Die Figur des Paten

Am Ende des Kampfes rufen die verzweifelten Nowgoroder Vasilijs Paten zu Hilfe, damit er mit seiner Autorität sein Patenkind irgendwie zurückhält. Hier wird auch zum ersten Mal der Charakter dieser am Anfang der Byline erwähnten Figur entfaltet. Er wir als ein sehr alter, aber mächtiger und starker Mann geschildert. In einigen Texten ist er Mönch, in anderen Pilgerer. Auch seine Namen variieren mehrfach: „starčišče-piligrimišče", Ignatjišče, Elisarišče, Ugrjumišče usw. Am eigenartigsten ist aber seine Kopfbedeckung – er trägt eine riesige Kirchenglocke auf seinem Haupt, was für viele Verwirrungen in der Folkloristik gesorgt hat. Vladimir Propp vertritt hierzu die Theorie, dass das Wort „Glocke" wörtlich zu verstehen ist.[16]

Die Glocke und besonders die der Sofienkathedrale soll Symbol der alten Handelsstadt Nowgorod gewesen sein. Als die Stadt von Moskau besiegt wurde, wurde auch die Glocke der Weče entwendet, was das Aufgeben der Selbständigkeit symbolisierte.

Indem der Alte eine Glocke auf seinem Kopf trägt, verkörpert er genau dieses alte Nowgorod und seine Gesellschaftsordnung, gegen die der Protagonist so erbittert kämpft. So begegnen sich in der Figur Vasilij Buslaevs und seines Paten zwei entgegengesetzte und unversöhnliche Weltanschauungen und Lebensweisen, was schon den Ausgang vorauszuahnen erlaubt: Das Treffen endet in der Regel mit dem Mord an den mit Bosheit, Verachtung und Hass erfüllten Paten. „Indem Vasilij mit ihm einen Kampf auf Leben und Tod führt, geht er gegen das ganze System vor, das die Nowgoroder in Reiche, Fürsten und Bojaren einerseits und „schwarze Leute", Arbeiter, aus denen sein Gefolge besteht, andererseits teilt."[17]

Es ist auch durchaus kein Zufall, dass gerade ein Kleriker das Gesellschaftssystem des alten Nowgorod verkörpert. Vladimir Propp erkennt in ihm die Züge des Oberhaupts der Nowgoroder Kirche, des Erzbischofs. Die Macht der Kirche war in dieser Zeit sehr groß, sie verfügte über riesige Ländereien und immense finanzielle Mittel. Der Erzbischof war Vorsitzender des hohen Gerichtshofs, führte die Verhandlungen mit dem Ausland etc. und hatte weitgehend Einfluss auf die Weče. Dies alles machte ihn zu der beinahe bedeutendsten Figur der Nowgoroder Republik. Aufgrund dessen ist für Vladimir Propp der Hass des Volkes ihm gegenüber erklärlich. Zu erkennen ist ihre extreme Haltung ihm gegenüber v. a. an der grausamen Tötung des Paten und der Schändung seines Körpers, die in manchen Varianten drastisch geschildert wird:

„Еще сердце в нем не уходилося,

Еще грает над телом Васька Буслаев сын:

"Лежи ты здесь, сучище облезлое,

---

[15] Näheres dazu bei Propp, 1958, 459-500

[16] Vergl. Propp 1958, 460 – 461.

[17] ders., 463

3.7. Ausgang

Nach dem eindeutigen Sieg Vasilijs über den Paten ist er nicht mehr aufzuhalten. Da erbitten die Nowgoroder Herrscher wieder bei Mutter Amelfa Timofeevna Hilfe. Durch ihre Autorität schafft sie es tatsächlich, ihren Sohn zu bändigen. Vasilij leistet überhaupt keinen Widerstand und unterwirft sich völlig, als ihn seine Mutter nach Hause führen will.

Hier endet die Byline

Trotzdem scheint sie für Vladimir Propp inhaltlich unvollendet zu sein, da keine von den Parteien einen endgültigen Sieg erzielt hat. Im Kampf auf der Wolchow-Brücke siegt zwar Vasilij Buslaevič – ihm unterliegen alle seine Gegner. Der Kampf ist gewonnen, nicht aber der Krieg. Die Byline schildert nicht die völlige Vernichtung des Feindes, genau so, wie dies auch in der Realität nicht geschah. Sie stellt lediglich den Zusammenstoß der gesellschaftlichen Kräfte dar und zeigt, welche Partei das Volk ergreift.

4. Schlusswort

Abschließend will ich kurz auf die Aktualität der von Vladimir Propp vorgeschlagenen Analyse eingehen. Diese bietet zweifellos eine mögliche Deutung des Ideengehaltes der Byline „Vasilij Buslaev v Nowgorode", die auch unbedingt in ihrem historischen Kontext (UdSSR, Ende der 50er Jahre) zu sehen ist. Seit der Entstehung des Buches „Ruskij geročeskij epos" 1958 sind in der Literaturwissenschaft viele neuen Erzähltheorien entwickelt worden, hierunter auch die Genderforschung, so dass die Byline von einem modernen Standpunkt aus bestimmt auch anders zu interpretieren wäre. Trotzdem handelt es sich hier meines Erachtens um eine sehr tiefgründige und komplexe Textanalyse, bei der der Autor seine These kontinuierlich zu beweisen sucht und dabei auch sehr viele Fassungen des Sujets heranzieht. Dies macht seine Arbeit zumindest vom methodologischen Standpunkt aus sehr wertvoll.

---

[18] ders., 463

5. Literaturverzeichnis

Пропп, В. Я. (1958): Русский героический эпос. Москва: Госсударственное издательство художественно й литературы.

Смирнов, Ю. И./ Смолицкий, В. Г. (1978): Новгородские былины. Москва: Издательство "Наука".

Trautmann, R. (1935): Die Volksdichtung der Großrussen. Das Heldenlied (Die Byline). Heidelberg:Carl Winters Universitätsbuchhandlung.